東家雜記下

右朝議大夫知撫州軍州事兼管内勸農使仙源縣開國男食邑三百戶借紫金魚袋孔傳編

先聖廟

廟在曲阜縣西二里西接魯城二百餘步即先聖舊宅魯恭王聞金石絲竹之地也累朝東封告成行幸儒廟皆駐蹕于此

手植檜

先聖手植檜三株兩株雙立御賛殿前各高六丈餘圍一丈四尺其一在杏壇之東南高五丈餘圍一丈三尺晉永嘉三年枯死至隋義寧元年復生唐乾封二年又枯至本朝康定年一枝復生

杏壇

先聖殿前有壇一所即先聖教授堂之遺

址也昔漢鍾離意爲魯相出私錢萬三千文付戶曹孔訢修夫子車身入廟拭机席劍履男子張伯除堂下草土中得玉璧七枚伯懷其一以六枚白意意令主簿安置几前孔子教授堂下牀首有懸甕意召訢問荅云夫子甕也背有丹書人莫敢發意曰夫子所以遺甕欲以垂示後人因發之得素書文曰後世修吾書董仲舒護吾車拭吾履發吾笥會稽鍾離意璧有七張伯懷其一意即召問伯果服焉後漢顯宗東

巡幸孔子宅亦嘗親御於此命皇太子諸王說經於堂上後世因以爲殿本朝乾興閒傳大父中憲監修祖廟因增廣殿庭移大殿於後講堂舊基不欲毁拆即以瓴甓爲壇環植以杏魯人因名曰杏壇

後殿

鄆國夫人并官氏殿昔爲先聖燕居之堂魯人相傳云孔子將亡遺祕書曰後世一男子自稱秦始皇上我堂踞我牀顛倒我衣裳至沙丘而亡始皇至魯觀孔子宅至沙

丘而崩又按世家孔子卒諸儒講禮鄉飲酒大射於孔子家其所居堂後代因立爲廟藏孔子衣冠琴瑟車書至漢二百餘年不絶昔太史公嘗適魯觀孔子廟堂車服禮樂諸生習禮其家以至低回留之不能去云漢景帝時魯恭王好治宫室壞孔子舊宅以廣其宫聞金石絲竹之聲乃不敢壞於其壁中得古文經傳此其地也

先聖小影

家譜云先聖長九尺六寸腰大十圍凡四十

九表反首洼面月角日準手握天文足履度字或作王字坐如龍蹲立如鳳跱望之如仆就之如昇耳垂珠庭龜脊龍形虎掌胼脇參膺河目海口山臍林背翼臂斗脣注頭隆鼻阜脥提眉地足谷竅雷聲澤腹昌顏均頤輔喉駢齒眉有一十二采目有六十四理其頭似堯其顙似舜其項類皋陶其肩類子產自腰以下不及禹三寸肖有文曰制作定世符運今家廟所藏畫像衣燕居服顏子從行者世謂之小影於

聖像爲最眞近世所傳乃以先聖執玉麈據曲几而坐或侍以十哲而有持椶蓋捧玉磬者或列以七十二子而有操弓矢披卷軸者又有乘車十哲從行圖皆後人追寫殆非　先聖之眞像闕里廟學教授尹復臻嘗作小影贊云夫子之象其初孰傳得於其家幾二千年仰聖人之容色瞻古人之衣冠信所謂溫而厲威而不猛恭而安若夫其道如神其德如天則自民以來未有如夫子蓋無得而名言世之所傳非

小影畫像皆爲贗本唐劉禹錫作許州新廟碑謂堯頭禹身華冠像佩之容取之自鄒魯即今之所傳小影是也

廟柏

先聖廟庭舊有柏二十四株歷漢晉其大合抱有二株先倒折魯人莫敢犯宋文帝時江夏王義恭出鎮彭城悉遣伐之父老爲之嘆息及義恭被害剖析支體挑取目睛以蜜漬之爲鬼目粽時人以爲伐木之報也迄今廟庭松檜多而柏少

廟中古碑

後漢碑三

元嘉三年孔子廟置百戸吏卒掌領禮器

碑鍾繇隸

永壽二年魯相顏勑乞復顏氏并官氏繇

碑有碑陰並隸

建寍二年魯相孔晨奏出本家穀祀夫子

有碑陰並隸

魏碑三

黄初二年制命孔子二十一世孫羨爲崇聖

侯奉家祀碑碑乃陳思王曹植詞梁

鵠書鍾繇鐫字故世謂之三絶鍾繇

鐫字皆妙於篆籒故繇方得鐫

後魏正光三年兖州百姓爲太守張猛龍立

清德頌碑

東魏興和二年兖州刺史李仲琁修孔子

廟碑諸士人爲立

齊碑一

乾明元年夫子碑隸書磨滅字不可讀

隋碑二

大業七年曲阜縣令陳叔毅修夫子廟記
　隸書仲孝俊文
　九年太學博士何閒劉炫撰并書

唐碑十四

乾封元年贈太師魯元聖孔宣尼碑崔行
　功文孫師範隸武德紹乾封詔儀鳳
　二年祭文并隸於碑陰
開元七年孔子廟碑李邕文張庭珪隸
開元二十八年曲阜縣令張之宏爲文宣
　立自撰郝邕書
東家　巽　昇
咸通十年孔子三十九世孫魯國公温裕
　乞出私俸修廟記賈防文
貞元十四年任要謁夫子廟詩
長慶三年崔濤謁先師言
天寶元年兖公頌張之宏譔包文該書
景福二年滅黃巢紀功碑
大和五年李虞題名
大和七年兖州刺史李文悦謁夫子文
長慶元年任畹訪古於齊魯謁先師題名
會昌元年兖州刺史李玭題名

會昌六年兖州刺史高承恭題名

咸通十年兖海節度使曹翔題曲阜宣聖廟記

本朝 御製書

眞宗皇帝 先聖

御贊并從官分撰七十二賢贊

大中祥符二年賜

太宗皇帝 御書并監書器物勑

廟外古跡

魯城周回九里三十步城之西南隅即孔子之
舊宅昔魯人泛海而失津至於亶州遇仲
尼七十子遊海上指以歸塗使告魯公築

城以備寇魯人歸且以告魯侯魯侯以爲
誕俄而群鵲數萬銜土培城魯侯始信乃
城曲阜訖而齊寇果至此其所以爲聖也
事載十六國春秋其説神異雖先
聖之所不語然魯人尚能言之所
謂疑則傳疑者于是亦綴而不遺

廟東南二里魯城高門之外曰兩觀周回各四十
步高一丈一尺東西相去一百步昔 先聖爲
魯司寇攝行相事於是朝政七日而誅亂

政大夫少正卯戮之於兩觀之下者是也

廟東三十里有山曰防山周回八里孔子三歲而叔梁紇卒乃葬於防山孔子母死殯于五父之衢鄹人輓父之母告孔子父墓然後往合葬於防焉

廟東南四十里有山曰尼丘山周回一十里即叔梁大夫與顔氏禱於尼丘而 先聖生生而首上圩頂如尼丘山頂之圩 本朝封山神爲毓聖侯今山西有 先聖廟貌并毓聖侯廟在焉

皇初二年封毓聖侯勑

勑元聖肇興誕自東魯雖天之生德蓋云默定岳之降神實應精禱兖州泗水縣尼丘山崇崗秀卓雲雨所出儲丕祐于商後孕全氣于孔族挺毓睿哲爲萬代師當崇五等之封俾均四瀆之秩列于祀典以永神休攸司奉書往申昭告宜特封毓聖侯仍令本州差官往彼祭告破係省錢增葺祠廟即不得科率差擾及仰造本廟牌額安掛春秋差官致祭眞廟東封王欽若言

祭文宣王尼丘山上有紫雲氣長八九丈
詔遣入內殿頭楊懷玉祭謝
廟東南五十里有山曰顏母山周回一十里高三
里乃叔梁大夫與顏母禱於尼丘嘗遊此
山而生先聖後魏地形志亦言魯縣有顏
母祠堂迄今尚在
廟東南五里曰五父衢昔　先聖母殯于五父
之衢者此其地也
廟北五里曰　先聖學堂泗水纏其北洙水由
其南皇覽云諸弟子房舍并瓦猶存周敬
王三十六年孔子自衛反魯於此刪詩序書
定禮樂繫周易至周敬王二十八年魯人
西狩獲麟而作春秋因曾參孝行以縹筆
而作孝經二經既成孔子於此堂下齋戒面
北斗而拜告備于天紫微于是降光于此堂
魯記所載孔子講堂者是也昔漢光武東巡
過魯坐孔子講堂顧指子路室謂左右曰此
吾大僕之室也今學已廢遺址存焉
廟西南一百二十步有圃曰矍相周回二里高一丈
昔孔子射於矍相之圃觀者如堵焉晉太

康志亦曰瞿相在魯城内縣西南近孔子宅是也今圃中猶存舊井皆陶瓦爲之

廟東有廢井圍五丈二尺深八十尺以石爲之昔季桓子穿井得缶中若羊問 先聖云得狗 先聖曰以丘所聞羊也木之怪夔罔魎水之怪龍罔象土之怪羵羊也

廟西南二百步魯城有門曰歸德世傳四方諸侯慕 先聖之德而至多入此門故魯人因以名之

廟東南二里魯城有門曰高門昔齊人選女子

衣文衣而舞康樂文馬三十駟遺魯君陳於高門外季桓子微服往觀孔子因其三日不聽政郊不致膰俎於大夫遂行適衛

廟東南二里魯城有門曰端門孔子將殁謂子貢曰端門當有血書子貢往候之果有血書云趨作法孔聖殁周姬亡彗東出秦人滅胡亥術書既散孔不滅子貢以告孔子趨而觀之化爲赤烏飛去

廟南十里魯縣有二石闕曰闕里蓋里門也後漢董憲裨將屯兵於魯侵害百姓明帝乃拜

鮑永爲魯郡太守永到大破之惟別帥彭豐等不肯下頃之孔子闕里無故荊棘自除從講堂至於里門永異之謂府丞及魯令曰方今危急而闕里自開豈夫子欲令太守行禮助吾誅無道也乃會人衆修鄉射之禮請豐等共觀視欲因此擒之豐等亦欲圖永乃持牛酒勞饗而潛伏兵器永覺手格殺豐

齊國公墓

孔子生二歲而叔梁大夫卒葬於防孔子

楊端

之母既喪殯于五父之衢將立葬焉郰人輓父之母誨孔子父墓孔子曰古者不祔葬爲不忍先死者之復見也詩云死則同穴自周公以來祔葬矣故衞人之祔也離之有以聞焉魯人之祔也合之美夫吾從魯遂合葬於防曰吾聞之古墓而不墳今某也東西南北之人不可以弗識也吾見封之若堂者矣又見若坊者矣又見覆夏屋者矣又見若斧形者矣吾從斧者焉於是封之崇四尺

祖林古跡

先聖墓

孔子殁公西赤爲之識及掌其殯葬焉唅以踈米三貝襲衣一十有一稱加朝服一冠章甫之冠珮象環徑五寸而綦組綬桐棺四寸柏棺五寸葬魯城北泗水上藏入地不及泉而封爲偃斧之形高四尺樹松柏爲誌焉既葬有自燕來觀者舍於子夏氏子貢謂之曰吾亦人之葬聖人非聖人之葬人子奚觀焉昔夫子言曰吾見封若夏屋者見若斧者從若斧者也馬鬛封之謂也今徒一日三斬板而以封尚行夫子之志而已何觀乎哉皇覽亦曰孔子冢去古城北一里冢塋百畝南北廣十步東西三十步高一丈二尺如鳥卯馬鬛今周圍增廣五十餘步高一丈五尺昔孔子修春秋製孝經既成齋戒面北斗而拜告備於天乃有赤虹自上而下化爲黃玉有刻文孔子跪而讀之其辭曰孔提命作應法孔子卒以所受黃玉葬焉弟子魯人往從冢而

家者百有餘室魯世世相傳以歲時奉祀

先聖冢

二代三代墓

二代伯魚墓在　先聖墓之東十步

三代子思墓在　先聖墓之南十步商人尚右故也　眞宗皇帝幸孔林顧問二冢子孫對以伯魚子思墓　上太息躊躇而退

祠壇

先聖歿弟子於冢前以瓴甓爲祠壇方六尺至後漢永嘉元年魯相韓叔節始易之

以石今壇石四面皆歷代題名歲久漫滅字不可識

駐蹕亭

眞宗皇帝東封回駕幸闕里顧問　宣聖冢墳何在子孫引導鑾輿躬至孔林奠謁畢坐墳北亭上宣兩地及兩制賜茶亭有古碑字多殘缺　上命詞臣拂蘚辨認盤桓久之

輦路

眞廟駕幸　聖林以林木擁道降輿乘馬

至　宣聖墳設奠再拜今自林前直趨駐蹕亭有輦路皆甃以方石

楷木

廣志云夫子没弟子各持其鄉土所宜木人植一本於墓而去冢上特多楷木楷本出南海今林中楷木最盛間有因風摧折者人或得之以爲手板

虛墓 白兔溝附

先聖墳西有虛墓五間皆石爲之世傳先聖没戒門弟子爲虛墓後果遭秦皇發冢有白兔出於墓中始皇逐之至曲阜西北十八里溝而没魯人因名其溝曰白兔溝

林

先聖葬曲阜城北泗水爲之却流塋中不生荆棘刺人草木以百數皆遠方徒弟所植鄉土異種魯人世世無能名者惟楷木爲多其餘則皇覽所載枌柞雒離毚檀之木迄今尚盛眞廟東封王欽若言祭　文宣王詣墳設奠得芝五本詔遣入内殿頭楊懷玉祭謝復得芝草四本有唐

以來騷人墨客謁林下者必賦詩而退獨一絶云靈光殿古生秋草曲阜城荒噪晚鵶惟有孔林殘照裏至今猶屬仲尼家最爲絶唱傳仲父貳卿嘗刻於石且題跋其後曰宗翰自爲童稚已聞人誦此詩或云一詩僧留題然竟不知誰氏之作

林中古碑

斷碑一

篆字碑碑石中斷字畫漫滅不可讀在伯魚墓前

漢碑九

永壽三年　勑修夫子墓碑

永興二年故婺州從事孔君德碑在孔子祠墓壇前立

延平六年立御史孔翊碑在冢前孔子十九代孫州舉孝廉拜御史遷中年樂陽令

建寧四年漢尚書侍郎博陵太守下邳縣相河東太守孔宏碑

博士孔君碑諱志

孔秉碑字畋山修嚴氏春秋
永興二年孔謙碑都尉君元子
建寧二年孔子十九世孫震字上元碑終
博陵太守下邳相
延熹七年孔子十九代孫宙字季將舉孝廉
除郎中博昌長孔子十九世孫扶字
仲淵碑

宅圖

直外門曰前三門（仁宗皇帝御書門榜之門）三門之後曰
御書樓（蓋藏賜書之樓）書樓後御路東西之亭其
東曰本朝修廟碑亭其西曰唐封孔子太
師碑亭次殿庭門殿庭門内曰御讚殿（乾興中兗州奏乞於夫子之後選朝官一人專切監修本廟是時祖父中憲被選奏修是殿）次後曰
杏壇杏壇之後即　先聖正殿（仁宗皇帝御書飛帛殿榜之殿）直
殿後曰鄆國夫人殿後殿東廡曰泗水侯殿西廡
曰沂水侯祖殿廊西門外曰齊國公殿直殿後曰魯
國太夫人殿（魯國太夫人舊與齊國同殿慶曆八年四十五代孫彥輔宰鄉邑奉聖旨監修祖廟始乞移於後殿）自太夫人殿由東廊以北曰
五賢堂祖殿廊東門外曰齋廳齋廳之東
廊門外曰客位直齋廳後曰齋堂齋堂後

曰宅廳直宅廳後曰家廟自客位東一門直北曰襲封視事廳直廳曰恩慶堂中丞公典鄉郡曰侍致政尚書會孔氏親族於此堂祖徠石守道先生有碑紀其事堂之東北隅曰雙桂堂皇祐年先公仲父同年賜第舊常於此會學故以名之諸位皆列於祖殿之後恩慶堂東西自祖廟併諸位舊係勑修近世監修　祖廟者窘於用度不敢以官錢營飾私居遂罷修諸位今族閒居處皆自備修葺除諸位外祖廟殿庭廊廡共三百一十六間

右廟宅亦載魯國圖中廟壁有吳道子畫先聖歷聘諸國車服人物威儀極爲精妙

駐蹕亭有題詠　章聖皇帝東封崇禮先聖事人多傳頌今併録之　古栢曾沾周雨露斷碑尚載漢文章介丘檢玉回天仗過魯猶聞祀素王然與孔林一詩不知誰氏所作

續添襲封世系

一代文宣王

二代鯉字伯魚封泗水侯

三代伋字子思封沂水侯作中庸

四代白字子上齊威王召爲國相

五代求字子家楚召不仕
六代箕字子京爲魏相
七代穿字子高楚魏趙三國召之不仕著書
名讕言
八代順字子慎魏相封魯文信君
九代鮒字子魚秦始皇時拜少傅著書曰孔
叢子
十代忠字子貞爲博士
騰長沙太傅
聚以兵破楚封蓼侯史記謂孔將軍居左

十一代武字子威爲武帝博士臨淮太守
安國爲博士訓注經籍
臧嗣蓼侯位九卿著書十篇
十二代延年武帝時爲博士轉太傅遷大將軍
琳嗣蓼侯
十三代霸字次孺漢時爲博士遷詹事拜太
師號褒成君
驩博士
茂關内侯
十四代福襲封關内侯

捷　喜並列校尉諸曹

光成哀平三世居公輔謚簡烈侯

吉封郪紹嘉公

十五代房襲封關内侯

永封寍鄉侯

放歴侍郎嗣博山侯

伉校書郎

何齊封宋公

十六代均字長平封關内侯更封褒成侯

奮後漢封關内侯

尚鉅鹿太守

十七代志封褒成侯謚元成侯

嘉城門校尉

仁博士遷太守

十八代損封褒成侯徙封褒亭侯

豐後漢黄門侍郎典東觀事

十九代曜後漢襲封褒亭侯

宙郎中令

僖蘭臺令史校書東觀

扶司空

翊拜御史

二十代完龔封褒亭侯

文魏大鴻臚

昱拜議郎自霸至昱卿相牧守五十三人

列侯七人

融字文舉至太中大夫有集十卷北海相

二十一代羨魏拜議郎封崇聖侯

毓征南軍司馬

郁冀州刺史

二十二代震晉武時封奉聖亭侯拜黄門

侍郎

衍東晉時中庶子廣陵太守

楊下博亭侯

潛後漢太子太傅

二十三代嶷襲封奉聖亭侯

啓廬陵太守

竺吴南昌太守

二十四代撫晉襲封奉聖亭侯豫章太守

恬吴尚書晉太守

沖尚書

二十五代懿東晉襲封奉聖亭侯

愉晉左僕射

侃大司農

倫黄門郎

群晉御史中丞

二十六代鮮宋元嘉中封奉聖亭侯改封崇聖侯

誾襲封散騎常侍

汪晉刺史侍中

國晉左僕射

坦晉侍中常侍

嚴領尚書

二十七代乘後魏封崇聖大夫

晉尚書令

靜宋侍中特進

侯太守

道民内史

靜民侍郎

福民洗馬

道隆侍中

二十五代懿東晉[illegible]封奉聖亭侯

[illegible]晉[illegible]侯

[illegible]大司農

[illegible]晉黃門郎

[illegible]晉御史中丞

二十六代鮮宋元嘉中封奉聖亭侯[illegible]

聖侯

[illegible]魏散騎常侍

[illegible]晉刺史[illegible]中

[illegible]晉[illegible]郎

[illegible]晉侍中常侍

[illegible]晉尚書

二十七代乘後魏封崇聖大夫

晉尚書令

[illegible]宋侍中[illegible]

侯大守

[illegible]內史

[illegible]郎

[illegible]

[illegible]中

沈丞相椽
二十八代靈珍後魏祕書郎封崇聖侯
靈符太守
靈運著作郎
靈産光禄大夫
廞光禄大夫
景偉齊常侍
二十九代文泰襲封崇聖侯
珪字德瑋齊高帝時掌詞命終常侍著北
山移文

深之宋比部郎
琳之御史中丞
遥之尚書左丞
靈龜後魏國子博士
三十代渠襲封崇聖侯北齊改封恭聖侯後
周改封鄒國公
臻尚書令
瞧中書侍郎
揔侍郎
碩後魏南臺丞

[illegible]相[illegible]

二十八代靈運[illegible]書郎封[illegible]侯

靈[illegible]太守

靈運著作郎

靈[illegible]光祿大夫

廣光祿大夫

[illegible]

二十九代[illegible]

[illegible]

山穆文

深之[illegible]部郎

琳之御史中丞

謐之尚書左丞

[illegible]國子博士

三十代[illegible]

周改封[illegible]公

[illegible]尚書令

[illegible]中書侍郎

[illegible]侍郎

[illegible]

三十一代長孫襲封鄒國公

休源梁都官尚書

覬宋御史中丞行會稽郡事

道存南海太守

三十二代嗣哲隋文帝時應制登科襲封鄒國公後改封紹聖侯

雲童別駕

宗範陳中書侍郎

奂陳尚書中書令有文集

穎達大業中明經高第歷唐司業祭酒太常卿撰五經正義有文集

三十三代德綸唐正觀中封褒聖侯

紹安唐中書舍人

志玄唐司業

志約禮部郎中

志亮中書舍人

思政刺史

三十四代崇基武后時封褒聖侯

德紹隋祕書省正字

禎禮部外郎刺史

惠元國子司業人以三世司業爲榮

琮洪州都督

三十五代璲之字藏輝開元中襲封褒聖侯

後改封文宣公兖州長史

昌寓膳部郎中

季詡登制科終補闕

若思侍郎

仲思給事中

立言祠部郎中

睿言刺史

三十六代萱襲封文宣公

舜監察御史

至著作郎

如珪工部郎中

三十七代齊卿德宗建中三年封文宣公

岑父著作佐郎

巢父觀察使給事中御史大夫贈僕射見

杜詩

三十八代惟晊元和中襲封文宣公

述睿德宗時拜諫議大夫

載及第

戣字君嚴舉進士歷諫議大夫給事中節度使左丞禮部尚書韓愈銘其墓云孔世

三十八

戡進士及第贈司業

戢京兆尹御史大夫

三十九代策及第襲封文宣公遷博士

敏行官至集賢學士

温資太子少傅

温質四門博士

温裕舉進士左丞節度使

温業及第吏部侍郎

四十代振字國文懿宗時狀元及第歷官御史補闕員外郎封文宣公

極狀元及第歷侍郎

絢及第

綸及第歷殿院

纁狀元及第

緯狀元及第封魯公

緣及第

照及第

四十一代昭儉賜緋袐書郎襲封文宣公

昌明及第

昌庶及第虞部侍郎

昌弼及第至常侍

昌序及第至常侍

邈及第至諌議大夫

邁員外郎

四十二代光嗣齋郎出身泗水令

莊太常少卿

十

四十三代仁玉字温如曲阜令襲封文宣公

贈兵部尚書

承恭太宗朝將作監

四十四代宜字不疑太宗朝遷農丞遷賛善

大夫襲封文宣公

憲及第員外郎轉運使贈尚書

勗及第侍郎致仕長子道輔

四十五代延世字茂先眞宗時爲曲阜令襲

封文宣公

延澤及第贈諌議大夫

延渥知清化縣
延之贈殿中丞
道輔及第龍圖閣學士御史中丞石徂徠
作擊蛇笏銘
良輔太子中舍
彥輔國子博士
四十六代聖祐襲封文宣公終太子中舍自
此襲封改衍聖公
舜亮道輔長子中散大夫贈特進
宗翰道輔次子刑侍

宗壽承議郎
宗質仙源丞
四十七代若蒙襲封衍聖公改封奉聖公
若拙及第
若升朝奉大夫
若容朝散郎
傳字世文知撫州中散大夫著東家雜記
恢朝散大夫
惇朝散大夫
忱文林郎

恂奉議郎
若采迪功郎親屬與判司簿尉始此
若初及第
文仲字經甫中書舍人
武仲字常甫禮部侍郎
平仲字毅甫金部郎中人謂之三孔先生
四十八代端友字子交朝奉郎襲封衍聖公
端節朝散大夫贈中奉大夫
端朝改名端木賜及第始此終知臨江軍
端己信陽軍判官

端位常德録參
源及第知萍鄉
端植通城令
端隱江陵察推
墉通直郎
百朋判南通判
百禮江陵通判
四十九代珍字錫老襲封衍聖公朝奉郎
瓚終朝請郎知和州
璪行在省倉

彰鄉舉
文昌改慶遠迪功郎
珉以最長授迪功郎
邦翰鄉舉
過庭廣州推官
彥詵富川知縣
五十代揩字季紳襲封衍聖公知建昌軍終
浙西參議
攄主簿
擬登仕郎

揆將仕郎
洸宣教郎
次玉福州推官
次戣襄陽察推
宗元鄉舉
五十一代文遠字紹先襲封衍聖公朝奉郎
終隆興倅
文蓮秘院
應發鄉舉
應選鄉舉

聖義登科奉議郎賜緋知樂安縣

廷桂登科廬陵尉

伯元登科信豐簿

伯迪登科新建簿

伯損瀏陽簿尉

霆發鄉舉

開先鄉舉

五十二代萬春字耆年襲封衍聖公通直郎

終泉州倅兼宗丞

簦鄉舉

萬齡税院

五十三代洙字源魯居憂擬承襲衍聖公

里鄉舉

甫鄉舉

四十六代孫宗翰序

家譜之法世敘承襲者一人而已跡略之弊識者病之蓋先聖之没于今千五百年宗族世有賢俊茍非見於史册即後世泯然不聞是可痛也如太常博士諱臧臨淮太守諱安國丞相諱光北海相諱融蘭臺令史諱昱纔十數人非見於漢史皆不復知矣魏晉而下逮於隋唐見於紀者止百餘人按議郎本傳云自霸至昱七世之内爵位相係其卿相牧守五十三人列侯七人今考於傳記乃知所遺之多也宗翰假守豫章蒙恩除魯郡將歸之日遂以舊譜命工鏤版用廣流傳或須講求以俟他日元豐八年十一月二十三日四十六代孫朝議大夫知洪州軍州事兼管内勸農使江南西路兵馬軨轄柱國賜紫金魚袋宗翰謹序

四十八代孫端朝序

端朝聞諸父云吾家自五代亂離宗族散走死亡略盡獨襲封尚書諱仁玉守墳墓不去尚書幼子諱勗仕爲侍郎長子及孫皆爲侍從儒門復興今聚族二百口皆尚書公子孫依廟爲宅

家有賜書以至祭器御書田園僕役皆　上所賜許任鄉官著在吏部爲成法由是土人不以姓名稱止曰廟宅族人無異居者獨安州族祖六中書諱宗簡因官不歸遂家焉宣和末女真始入寇靖康丙午羣盜起家所蓄藏蕩然雲散建炎戊申十月端朝不得已去陵廟南奔明年己酉八月蒙　恩以孔氏特差徽州黟縣令後二年辛亥四月赴官六月張琪犯徽州黟之四境焚殺一空端朝與幼累奔山閒僅得不死所攜上世告敕祖父遺書生生所資皆失之矣獨

此譜山中人得之轉以見歸此譜乃古本頃叔祖貳卿削去旁支獨載世襲者有識惜之今士而更存豈非天也因書以示子孫紹興二年歲次季五月朔四十八世孫端朝謹書

五十代孫擬序

孔氏子孫聚居祖廟幾二千年無異居他州者自經建炎兵火獨四十七代孫中散公諱傳與四十八代孫襲封公諱端友及右司公諱端木四十九代孫知府公諱瓚主簿公諱琯五位挈家隨　駕南渡散居于衢徽霅川江右松楸因

又直隸鳳陽府[illegible]十[illegible]三[illegible]以補[illegible]因

四十九代孫[illegible]府[illegible]章[illegible]主簿[illegible]待[illegible]是

四十八代孫[illegible]十[illegible]又[illegible]本號

自發遺書大福四十七代孫中[illegible]

孔氏子孫蒙乃衍聖公[illegible]二十二年[illegible]

五十代孫[illegible]書

次孝五日朔四十八世孫[illegible]朝謹書

命更作坐非天也因書以示子孫務與之年[illegible]

廟貢鄉前本主夫人職敏者有識者今本年

孔熊山中人傳之萬以見歸先詔乃以本家

忽上無事翰祖父遺書生平所資於天之未靖

境棘政一空諸朝與姑蘇寺山閒運將死所

二年辛亥四月赴官六月抵任徽州黟縣之四

己酉八月蒙 恩以孔氏子孫特授徽州黟縣令後

庚戌[illegible]十月赴朝不得已去官南歸明年

始入[illegible]丙午舉[illegible]所著藏[illegible]散

六十一書華宗閣因官不歸遂家焉宣和末以真

遂名擇上曰廟宅族入無異居始[illegible]安州族祖以

賜許在鄉官翰林吏部尚書由是士人不以

資有賜書以朱紫綬御書田園徽號詔 上所

寓焉餘皆留祖廟自南渡後蒙　朝廷念孔氏子孫之無幾計口給田以贍之乃於衢州撥賜田十頃且俾春秋兩時饗　先聖於家廟州郡差官行禮較之鄉邑十才其一今又四十餘年子孫漸衆所得益微而其占籍於　錫田者皆先聖之後至若歷代追崇之盛典備見中散公所著東家雜記兹不復云獨此闕而不書因以大槩附於篇末淳熙五年六月旦五十代孫擬謹書

東家襍記一本乃之胡祭酒先生家觀其書首有沈氏圖書又有夏氏圖書而又傳于胡矣今吾家又得之於胡子孫其念之哉時成化乙巳十月十九日袁則明甫寓南昌學識

往聞何義門太史得宋槧本東家雜記二卷毛省庵先輩從之影寫一本余於丙申仲夏得之汲古閣中其楮墨之妙無庸贅言此書為　先聖四十七代孫傳所編首列杏壇圖説記夫子車從出國東門登杏壇顧弟子曰茲魯將臧文仲誓盟之壇也覩物思人命琴而謌謌曰暑往寒來春復秋夕陽西去水東流將軍戰馬今何在野草閑花滿地愁此歌盡人能誦之皆莫辨誰作不謂顧出此書信虖讀書之不可以不廣也按諸家琴史俱失載但玩其語意未必果為夫子之歌耳傳字世文有宋知撫州中散大夫康熙著雍閹茂之歲四月既望茱萸山人席鑑跋